MOT MYSTÈRES

Jeux et activités

Illustrations et conception graphique : Dominique Pelletier

Conception des jeux : Julie Lavoie

ISBN 978-1-4431-1174-4
Imprimé au Canada 116

Éditions
SCHOLASTIC

Quand je dors chez mon ami...

G	M	L	I	F	R	I	R
M	C	O	U	C	H	E	R
I	O	T	G	N	L	J	A
N	E	O	N	L	T	E	M
U	D	R	I	E	A	U	A
I	I	E	I	T	R	X	J
T	V	E	R	R	D	A	Y
E	U	G	I	T	A	F	P

COUCHER

FATIGUE

FILM

JEUX

MINUIT

PARENT

PYJAMA

RIRE

TARD

VEILLER

VIDÉO

(Mot de 9 lettres)

Un esprit sain dans un corps sain!

P	R	E	G	U	O	B	E
A	H	U	F	O	R	C	E
E	C	Y	E	O	P	N	I
L	T	T	S	O	R	D	G
C	U	N	I	I	C	M	R
S	R	D	A	F	Q	A	E
U	S	N	C	S	E	U	N
M	N	I	A	R	T	N	E

ACTIF

BOUGER

COEUR

ÉNERGIE

ENTRAIN

FORCE

FORME

MUSCLÉ

PHYSIQUE

POIDS

SANTÉ

(Mot de 9 lettres)

Je meurs de soif!

B	R	E	U	V	A	G	E
S	O	D	A	J	U	S	N
R	S	A	U	C	B	T	O
A	E	N	A	S	I	T	S
T	F	O	R	A	E	N	S
C	A	M	L	H	R	I	I
E	C	I	T	E	E	V	O
N	O	L	L	I	U	O	B

BIÈRE

BOISSON

BOUILLON

BREUVAGE

CAFÉ

JUS

LAIT

LIMONADE

NECTAR

SODA

THÉ

TISANE

VIN

(Mot de 5 lettres)

4

DESERT COLA

5

De toutes les couleurs!

T	E	L	O	I	V	E	V
K	G	R	I	S	E	G	E
M	U	O	P	G	A	N	R
A	E	S	I	R	U	A	T
U	L	E	O	A	U	R	K
V	B	U	J	R	I	O	N
E	G	I	B	R	U	N	P
E	A	I	S	H	C	U	F

BEIGE

BLEU

BRUN

FUCHSIA

GRIS

JAUNE

MAUVE

NOIR

ORANGE

POURPRE

ROSE

ROUGE

VERT

VIOLET

(Mot de 4 lettres)

☐ ☐ ☐ ☐

SPROUT!

Trouve huit différences

Un fort de neige

P	E	L	L	E	T	E	R	H
S	M	T	S	E	L	L	A	B
T	A	P	E	R	G	B	I	L
N	D	J	C	P	I	I	A	T
A	E	O	A	L	M	I	E	B
F	H	U	L	A	C	E	A	N
N	O	E	G	A	I	T	T	N
E	R	R	L	H	I	V	E	R
E	S	G	S	R	F	O	R	T

BALLES

BÂTIR

DEHORS

ENFANTS

FORT

GLACE

GLACIAL

HABILLER

HIVER

JOUER

NEIGE

PELLETER

TAPER

TEMPÊTE

(Mot de 8 lettres)

☐ ☐ ☐ ☐ ☐ ☐ ☐ ☐

D'un point à l'autre

**RELIE LES CHIFFRES SELON L'ORDRE CROISSANT
ET LES LETTRES SELON L'ORDRE ALPHABÉTIQUE.**

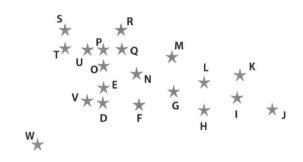

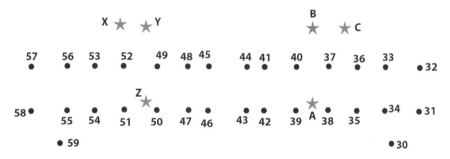

9

D'où vient le chocolat?

E	S	S	O	B	A	C	B	T
F	C	U	L	T	U	R	E	O
E	C	G	C	P	O	A	C	R
R	A	E	R	Y	A	M	E	R
M	C	R	E	A	E	T	F	E
E	A	D	A	U	I	O	E	F
N	O	U	Q	Y	E	N	V	I
T	R	O	M	A	S	S	E	E
E	C	P	S	E	C	H	E	R

AMER

BROYÉ

CABOSSE

CACAO

COQUE

CULTURE

FERMENTÉ

FÈVE

GRAINE

MASSE

PÂTE

POUDRE

SÉCHER

TORRÉFIER

(Mot de 8 lettres)

PROUT

Des adjectifs commençant par la lettre G

G	G	I	T	N	A	L	A	G
X	G	R	G	R	I	S	F	G
E	U	A	O	T	N	I	R	X
N	T	E	N	S	T	A	U	E
N	G	E	I	A	S	E	I	D
O	G	R	T	C	Z	I	R	N
Z	S	S	A	A	A	Q	E	A
A	U	U	G	V	E	R	U	R
G	T	N	A	N	E	G	G	G

GALANT

GAZEUX

GAZONNÉ

GÊNANT

GENTIL

GRACIEUX

GRAND

GRAS

GRAVE

GRIS

GROSSIER

GUÉRI

GUSTATIF

(Mot de 11 lettres)

Au salon de coiffure

R	R	E	S	I	R	F	E	S
E	F	E	C	I	C	B	R	R
S	H	I	N	O	O	X	D	E
S	G	C	T	U	U	E	N	F
O	E	S	C	A	L	P	I	L
R	L	L	E	A	X	C	E	E
B	E	S	V	H	E	I	T	T
V	I	E	E	C	N	O	F	E
C	R	M	E	C	H	E	U	X

BOUCLÉ

BROSSER

CISEAUX

COUPE

FIXATIF

FONCÉ

FRISER

GEL

LAVER

MÈCHE

REFLET

RINCER

SCALP

TEINDRE

(2 mots - 12 lettres)

☐ ☐ ☐ ☐ ☐ - ☐ ☐ ☐ ☐ ☐ ☐ ☐

VRROOUM VRROOUM

D'un point â l'autre

RELIE LES CHIFFRES SELON L'ORDRE CROISSANT.

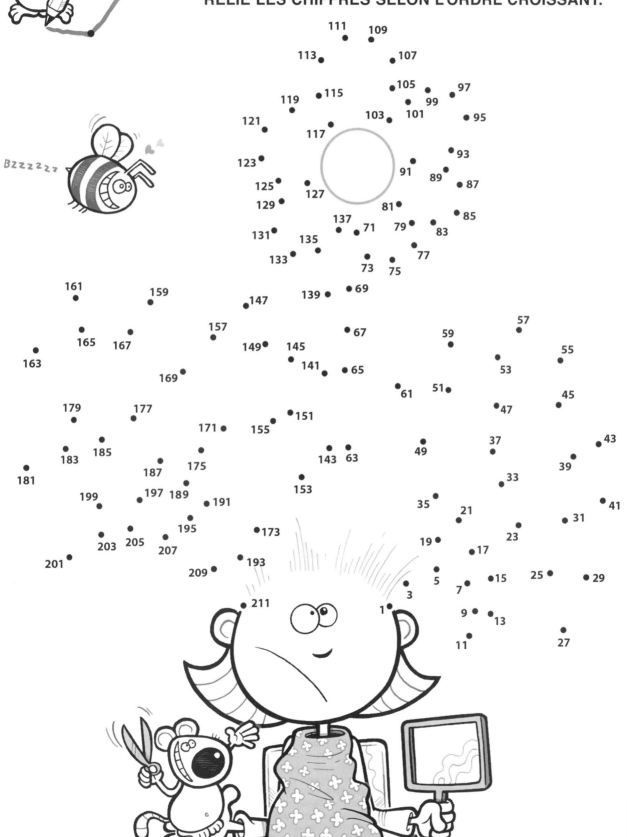

L'Action de grâce

T	C	E	L	E	B	R	E	R
I	R	A	B	E	F	E	T	E
N	E	A	O	D	G	M	D	M
V	P	N	D	N	D	E	I	O
I	A	A	O	I	N	R	E	I
T	S	C	C	D	T	C	U	S
E	H	C	N	A	M	I	D	S
R	E	C	O	L	T	E	O	O
D	E	C	O	R	E	R	E	N

CÉLÉBRER

CONGÉ

DÉCORER

DIEU

DIMANCHE

DINDE

FÊTE

INVITÉ

MOISSON

RÉCOLTE

REMERCIER

REPAS

TRADITION

(Mot de 9 lettres)

DU TOFU POUR L'ACTION DE GRÂCE!

ACTION DE GRÂCE

D'un point â l'autre

RELIE LES CHIFFRES SELON L'ORDRE CROISSANT.

Des verbes commençants par la lettre M

R	R	M	M	E	L	E	R	M
E	E	I	R	E	R	I	M	I
U	U	S	R	M	A	E	E	A
M	Q	E	M	U	L	R	T	U
A	O	R	A	A	O	C	T	L
S	M	H	N	A	C	M	R	E
S	N	G	G	D	E	H	E	R
E	E	R	E	R	E	N	E	M
R	M	A	R	C	H	E	R	R

MÂCHER

MANGER

MARCHER

MASSER

MÉLANGER

MÊLER

MENER

METTRE

MIAULER

MIRER

MISER

MOQUER

MOURIR

MUER

(Mot de 10 lettres)

M COMME DANS MANGER !

Des noms communs commençant par la lettre P

E	L	L	E	P	A	G	E	N	P
E	P	P	S	G	E	G	R	O	O
I	O	R	N	I	A	P	E	S	R
U	I	M	I	S	A	L	I	I	T
L	L	S	S	N	L	L	E	R	A
P	P	A	R	I	C	D	A	P	I
A	P	P	A	Q	U	E	T	P	L
R	S	G	I	P	O	I	S	O	N
A	A	E	T	T	A	P	O	S	N
P	O	L	I	T	E	S	S	E	E

(Mot de 10 lettres)

PAGAILLE

PAGE

PAIN

PALAIS

PAQUET

PARAPLUIE

PARI

PASSAGE

PATTE

PELAGE

PELLE

PIED

POIL

POISON

POLITESSE

PORTAIL

PRINCESSE

PRISON

Pop, rap... et ROCK!

M	E	E	L	U	O	F	C	R	R
U	E	T	S	E	C	C	U	S	A
S	P	E	E	L	B	E	A	P	P
I	U	F	C	D	T	I	P	S	P
C	O	F	R	N	A	L	C	C	E
I	R	E	A	I	A	N	R	E	L
E	G	H	N	U	R	I	S	N	D
N	C	A	D	G	I	O	B	E	S
E	R	I	L	E	D	T	C	M	R
T	R	E	C	N	O	C	E	K	A

AMBIANCE

APPLAUDIR

CHANTEUR

CONCERT

DANSER

DÉCIBEL

DÉLIRE

ÉCRAN

EFFET

FOULE

GROUPE

MUSICIEN

RAPPEL

ROCK

SCÈNE

SUCCÈS

(Mot 12 lettres)

☐ ☐ ☐ ☐ ☐ ☐ ☐ ☐ ☐ ☐ ☐ ☐

18

Laquelle de ces silhouettes est la mienne?

Méli-mélo de mots

V	T	A	R	Y	T	R	A	M	M
E	T	N	E	D	E	R	U	C	U
S	T	G	E	C	A	D	B	R	R
I	C	E	N	M	U	O	N	O	M
A	P	O	R	A	I	O	I	B	U
L	F	A	P	C	D	C	U	O	R
A	C	A	R	I	E	N	Q	T	E
F	R	N	B	I	E	S	U	T	X
C	R	A	Q	U	E	R	O	E	O
E	R	U	D	R	E	V	B	D	B

ACARIEN

BIDON

BOTTE

BOUQUIN

BOXER

CIMENT

COPIER

CRAPAUD

CRAQUER

CURE-DENT

FALAISE

FONCER

MARTYR

MURMURE

PARI

ROBOT

SECRET

VERDURE

(Mot de 8 lettres)

ÇA VA ÊTRE LONG...

MIAM! MIAM!

FROMAGE

Un mot pour chaque lettre de l'alphabet

S	T	E	L	I	F	E	D	O	X
E	T	Y	E	I	P	E	K	B	T
R	A	U	T	I	L	E	L	E	L
U	W	E	E	G	U	J	R	S	I
M	H	N	U	L	L	E	O	E	B
C	L	A	Q	P	B	H	I	I	E
U	I	P	S	O	N	O	Y	A	R
R	E	I	A	A	D	N	O	R	T
T	V	C	M	E	R	E	G	V	E
A	E	Z	E	N	I	D	A	R	G

AVIS · NULLE
BÉRET · OBÈSE
CHÉTIF · PIC
DÉFI · QUÊTE
ÉVEIL · RAYON
FILET · SÉRUM
GRADIN · TRUC
HASARD · UTILE
IODE · VRAI
JUGE · WATT
KÉPI · YOGA
LIBERTÉ · ZEN
MASQUE

(Mot de 9 lettres)

☐ ☐ ☐ ☐ ☐ ☐ ☐ ☐ ☐

La publicité

C	O	N	V	A	I	N	C	R	E
P	N	P	U	B	L	I	C	C	I
R	R	O	T	M	N	R	N	R	M
O	E	O	I	T	E	O	M	E	P
D	I	V	E	T	N	D	S	T	R
U	F	R	I	N	O	S	I	P	I
I	E	P	A	R	A	M	E	A	M
T	M	U	S	G	P	E	O	C	E
P	A	Y	E	O	I	D	A	R	E
T	E	L	E	V	I	S	E	E	P

ANNONCE

CAPTER

CONVAINCRE

IMPRIMÉE

INTÉRET

MÉDIA

MÉFIER

MESSAGE

PAYÉ

PRIVÉ

PRODUIT

PROMOTION

PUBLIC

RADIO

TÉLÉVISÉE

(Mot de 9 lettres)

☐ ☐ ☐ ☐ ☐ ☐ ☐ ☐ ☐

Laquelle de ces silhouettes est la mienne?

À l'épicerie

B	R	E	F	R	I	G	E	R	E
C	O	C	E	E	L	L	A	P	F
R	A	U	H	X	E	V	H	L	R
C	E	S	L	G	I	A	A	E	A
A	R	I	R	A	R	R	H	G	I
I	E	U	N	M	N	C	P	U	S
S	S	D	A	A	U	G	C	M	U
S	E	C	L	O	P	T	E	E	E
E	I	R	B	O	T	I	U	R	F
E	P	O	I	S	S	O	N	I	E

ALLÉE

BOUCHER

BOULANGER

CAISSE

FRAIS

FRUIT

LÉGUME

PANIER

PHARMACIE

POISSON

PRIX

RÉFRIGÉRÉ

SAC

SOLDE

SURGELÉ

VIANDE

(Mot de 11 lettres)

☐ ☐ ☐ ☐ ☐ ☐ ☐ ☐ ☐ ☐ ☐

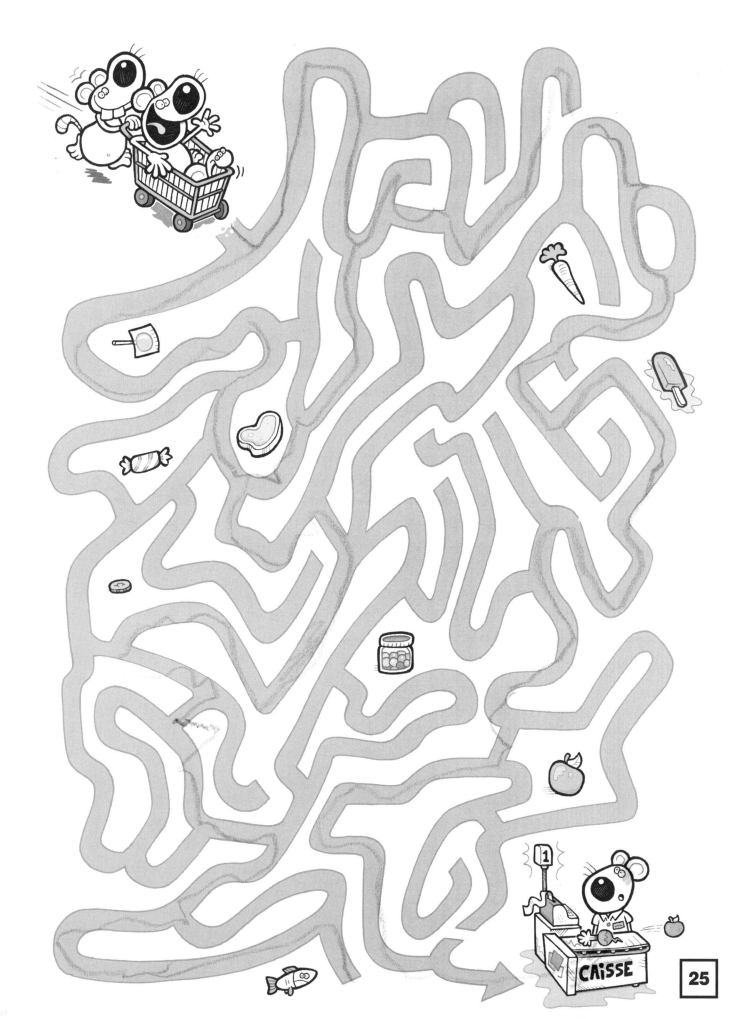

CAISSE

25

À la boutique

V	T	R	E	S	N	E	P	E	D
E	A	C	E	E	A	A	R	S	N
U	H	O	D	T	Y	C	I	S	R
Q	C	M	T	E	U	A	X	A	E
I	A	M	R	N	C	O	B	Y	T
T	I	I	U	H	E	A	C	A	E
U	S	S	E	T	I	G	X	G	D
O	S	T	N	S	R	E	R	E	L
B	E	E	N	I	B	A	C	A	O
R	V	E	T	E	M	E	N	T	S

ACHAT

ACHETER

ARGENT

BOUTIQUE

CABINE

CAISSE

COMMIS

COÛTER

DÉPENSER

ESSAYAGE

PAYER

PRIX

RABAIS

SAC

SOLDE

TAXE

VENTE

VÊTEMENT

(Mot de 7 lettres)

☐ ☐ ☐ ☐ ☐ ☐ ☐

Quel est ton style?

P	S	P	O	R	T	I	O	R	T	E
A	G	R	I	F	F	E	V	S	E	B
N	C	H	I	C	U	M	E	T	D	O
T	L	C	E	N	O	E	S	Y	C	R
A	I	O	E	D	T	E	T	L	A	N
L	A	T	E	S	V	P	O	E	U	R
O	D	T	U	R	S	U	N	A	S	E
N	N	J	C	O	L	O	R	E	S	L
T	A	I	L	L	E	C	I	C	I	P
C	H	E	M	I	S	I	E	R	T	M
T	C	H	E	M	I	S	E	E	E	A

ACCESSOIRE
AJUSTÉ
AMPLE
CHANDAIL
CHEMISE
CHEMISIER
CHIC
COLORÉ
COUPE
ÉTROIT
GRIFFÉ
MODE
PANTALON
RAYÉ
ROBE
SPORT
STYLE
TAILLE
TENUE
TISSU
VESTE
VESTON

(Mot de 11 lettres)

☐ ☐ ☐ ☐ ☐ ☐ ☐ ☐ ☐ ☐ ☐

La sécurité routière

R	E	R	E	I	C	I	L	O	P	I
E	T	P	E	R	M	I	S	S	N	T
S	I	A	I	S	G	U	E	F	N	N
P	U	N	E	E	S	A	R	Z	L	E
E	D	N	T	X	D	A	I	O	C	M
C	N	E	I	E	C	N	P	N	R	E
T	O	A	M	T	R	E	E	E	A	L
E	C	U	I	S	T	D	S	M	D	G
R	A	O	L	U	U	T	I	I	A	E
R	N	O	O	R	L	O	I	T	R	R
A	N	R	P	E	S	S	E	T	I	V

AMENDE

ARRÊT

CONDUITE

DÉPASSER

EXCÈS

FEU
(de circulation)

INFRACTION

INTERDIT

LIMITE

LOI

PANNEAU

PERMIS

POLICIER

PRUDENCE

RADAR

RÈGLEMENT

RESPECTER

ROUTE

VITESSE

ZONE

(Mot de 13 lettres)

☐ ☐ ☐ ☐ ☐ ☐ ☐ ☐ ☐ ☐ ☐ ☐ ☐

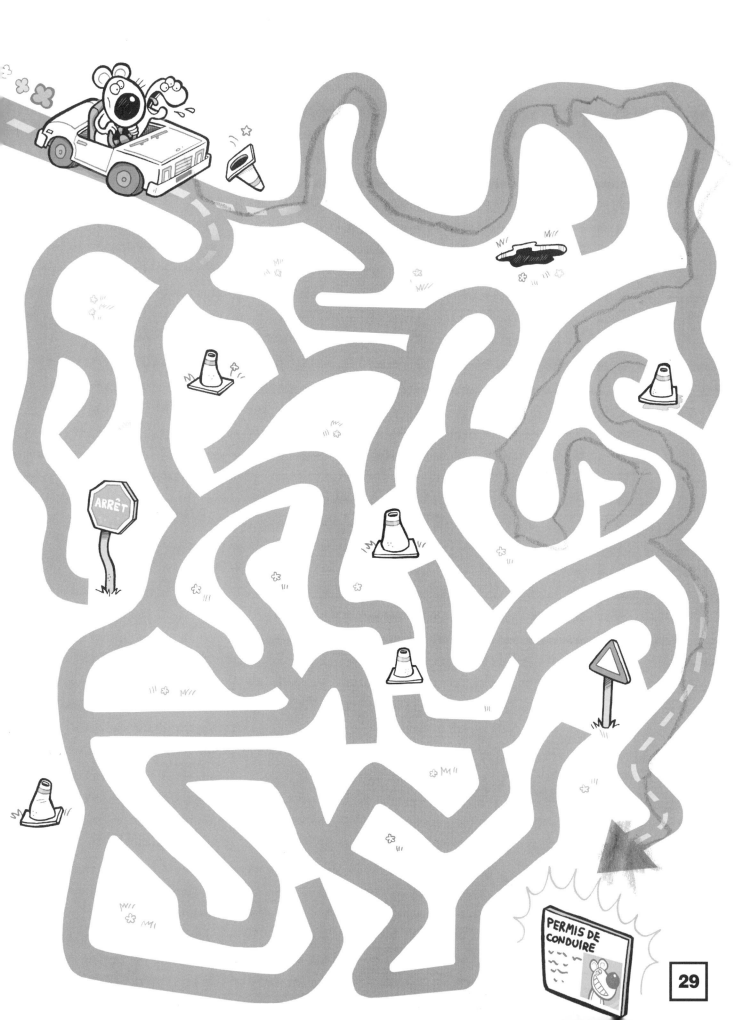

ARRÊT

PERMIS DE CONDUIRE

Banque et finances personnelles

T	N	E	M	E	C	A	L	P	T	E
C	R	C	T	E	R	E	T	N	I	E
R	T	A	O	N	P	R	E	T	M	P
E	E	C	N	D	E	M	O	P	N	A
D	H	T	E	S	E	G	R	O	C	R
I	C	B	I	R	A	U	R	O	T	G
T	I	H	I	R	N	C	M	A	A	N
T	U	V	E	T	E	P	T	M	U	E
I	G	S	E	Q	T	R	E	I	X	R
C	A	R	T	E	U	D	E	P	O	T
H	Y	P	O	T	H	E	Q	U	E	N

ARGENT

CARTE

CHÈQUE

CODE

COMPTE

CRÉDIT

DÉBIT

DÉPÔT

EMPRUNTER

ÉPARGNE

GUICHET

HYPOTHÈQUE

INTÉRÊT

PLACEMENT

PRÊT

RETIRER

TAUX

TRANSACTION

VIREMENT

(Mot de 10 lettres)

Pays d'Afrique

A	O	G	O	T	U	N	I	S	I	E
T	L	M	N	A	D	U	O	S	W	M
C	E	G	O	U	N	Z	A	A	A	A
H	T	M	E	O	O	D	B	U	L	D
A	P	A	B	R	N	R	R	S	A	A
D	Y	A	N	A	I	I	E	O	M	G
N	G	N	G	Z	T	E	E	M	M	A
A	E	U	E	A	A	I	Y	A	A	S
W	O	Q	N	K	U	N	B	L	R	C
R	N	I	G	E	R	E	I	I	O	A
S	E	N	E	G	A	L	L	E	C	R

ALGÉRIE

CAMEROUN

ÉGYPTE

GABON

KENYA

LIBYE

MADAGASCAR

MALAWI

MAROC

MAURITANIE

NIGER

OUGANDA

RWANDA

SÉNÉGAL

SOMALIE

SOUDAN

TANZANIE

TCHAD

TOGO

TUNISIE

(Mot de 10 lettres)

31

Animaux d'Afrique

C	D	R	A	P	O	E	L	P	Z	G	R
H	T	R	E	S	E	D	L	H	E	U	H
A	N	I	O	U	B	A	B	A	B	E	I
C	A	O	I	M	I	G	N	P	R	P	N
A	H	L	E	N	A	T	E	N	E	A	O
L	P	I	E	L	I	D	O	C	O	R	C
A	E	O	S	L	E	H	A	R	K	D	E
P	L	N	O	A	T	M	Y	I	P	O	R
M	E	P	O	Y	V	X	A	E	R	P	O
I	E	O	P	T	A	A	M	C	N	E	S
E	L	L	E	Z	A	G	N	O	U	E	E
E	U	R	G	I	R	A	F	E	S	U	B

(Mot de 11 lettres)

☐ ☐ ☐ ☐ ☐ ☐ ☐ ☐ ☐ ☐ ☐

ANTILOPE

BABOUIN

BUSE

CAMÉLÉON

CHACAL

CROCODILE

DÉSERT

DROMADAIRE

ÉLÉPHANT

GAZELLE

GECKO

GIRAFE

GNOU

GRUE

GUÉPARD

HYÈNE

IMPALA

LÉOPARD

LION

ORYX

PLAINE

PYTHON

RHINOCÉROS

SAVANE

ZÈBRE

Trouve huit différences

La végétation dans la forêt tropicale

C	A	F	É	I	E	R	E	E	C	S
F	S	I	T	H	E	I	E	R	A	S
O	E	G	S	C	L	D	O	R	C	U
U	G	U	S	E	I	I	R	Y	A	C
G	A	I	I	H	L	A	C	E	O	I
E	T	E	C	L	C	F	N	H	Y	F
R	E	R	K	E	L	A	F	S	E	T
E	O	C	N	E	I	A	S	A	R	N
R	E	I	M	L	A	P	G	L	R	M
T	E	C	A	N	O	P	E	E	A	E
A	C	A	J	O	U	O	B	M	A	B

(Mot de 10 lettres)

☐ ☐ ☐ ☐ ☐ ☐ ☐ ☐ ☐ ☐

ACAJOU

BALSA

BAMBOU

CACAOYER

CAFÉIER

CANOPÉE

ÉTAGES

FEUILLAGE

FICUS

FIGUIER

FOUGÈRE

LIANE

LICHEN

ORCHIDÉE

PALMIER

RAFFLÉSIA
(Certaines espèces peuvent mesurer un mètre de diamètre! Et elles sentent mauvais...)

SARRACÉNIE
(La sarracénie est une plante carnivore.)

TECK

THÉIER

Laquelle de ces silhouettes est la mienne?

L'énergie

E	T	I	C	I	R	T	C	E	L	E	E
H	C	E	N	T	R	A	L	E	A	L	E
T	F	O	S	S	I	L	E	U	B	E	U
N	H	T	M	B	I	O	G	A	Z	R	Q
A	E	E	T	B	E	O	L	S	N	I	I
R	N	O	R	N	U	E	B	O	P	A	L
U	A	L	S	M	V	S	B	L	E	E	U
B	T	I	P	U	I	R	T	A	T	L	A
R	U	E	O	I	A	Q	I	I	R	C	R
A	R	N	O	H	L	N	U	R	O	U	D
C	E	N	C	T	N	E	V	E	L	N	Y
R	L	E	U	Q	I	N	A	C	E	M	H

BIOGAZ

BOIS

CARBURANT

CENTRALE

CHARBON

COMBUSTION

ÉLECTRICITÉ

ÉOLIENNE

FOSSILE

HYDRAULIQUE

MÉCANIQUE

NATUREL

NUCLÉAIRE

PÉTROLE

PILE

SOLAIRE

THERMIQUE

RENOUVELABLE

VENT

(2 mots - 12 lettres)

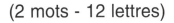

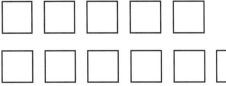

Le transport de l'électricité

36

Trouve huit différences

Laisse-moi lire mon journal!

M	E	T	S	I	L	A	N	R	U	O	J
I	E	E	N	Q	U	E	T	E	N	E	C
L	S	T	D	E	C	E	S	T	T	A	H
A	I	E	E	I	D	R	E	R	R	R	R
I	R	P	L	O	U	I	A	I	O	E	O
R	C	O	H	O	M	N	C	N	P	L	N
O	P	N	B	O	G	A	A	C	S	L	I
T	A	T	N	E	T	T	A	E	A	E	Q
I	T	O	R	U	V	O	L	N	I	V	U
D	C	P	R	I	S	O	N	D	O	U	E
E	N	E	E	U	Q	I	T	I	L	O	P
R	E	P	O	R	T	A	G	E	A	N	L

ACCIDENT

ATTENTAT

BOURSE

CARICATURE

CHRONIQUE

CRISE

DÉCÈS

ÉCONOMIE

ÉDITORIAL

ENQUÊTE

ÉTRANGER

INCENDIE

JOURNALISTE

MÉTÉO

NOUVELLE

PHOTO

POLICE

POLITIQUE

PRISON

REPORTAGE

SPORT

VOL

(Mot de 13 lettres)

Connais-tu des adverbes?

M	T	N	E	M	E	S	U	E	V	E	R	G
T	H	A	B	I	L	E	M	E	N	T	E	E
T	N	E	M	E	L	A	E	D	I	N	N	I
T	O	E	N	I	U	U	E	T	E	F	E	T
S	N	T	M	T	C	H	I	R	I	S	N	N
A	S	E	O	E	O	A	E	N	O	E	V	E
L	E	U	M	R	V	U	L	U	M	S	I	M
E	R	E	S	E	S	I	D	E	I	U	R	E
M	P	S	E	E	X	A	D	D	M	P	O	L
E	X	M	M	H	I	I	A	R	O	E	N	L
N	E	E	I	N	C	J	F	R	A	E	N	E
T	N	E	M	E	V	I	T	C	A	T	N	T
T	R	T	D	S	E	R	T	S	E	R	P	A

ACTIVEMENT

AMICALEMENT

APRÈS

AUTOUR

DÉCIDÉMENT

DEHORS

ENFIN

ENVIRON

EXPRÈS

FIXEMENT

GÉNÉREUSEMENT

HABILEMENT

HIER

IDÉALEMENT

JADIS

RÊVEUSEMENT

SALEMENT

SOUDAIN

TARDIVEMENT

TELLEMENT

TÔT

TRÈS

TROP

(Mot de 14 lettres)

SCRUNCH!
SCRUNCH!

SOLUTIONS

MOTS MYSTÈRES

Page 2	GRIGNOTER	**Page 21**	XYLOPHONE
Page 3	ENDURANCE	**Page 22**	TROMPEUSE
Page 4	SUCRE	**Page 24**	CHARCUTERIE
Page 6	KAKI	**Page 26**	VENDEUR
Page 8	MITAINES	**Page 27**	DÉCONTRACTÉ
Page 10	CACAOYER	**Page 28**	SIGNALISATION
Page 11	GIGANTESQUE	**Page 30**	ÉCONOMISER
Page 12	SÈCHE-CHEVEUX	**Page 31**	MOZAMBIQUE
Page 14	ABONDANCE	**Page 32**	HIPPOPOTAME
Page 16	MARCHANDER	**Page 34**	ÉCOSYSTÈME
Page 17	PERMISSION	**Page 36**	HAUTE TENSION
Page 18	ÉCLAIRAGISTE	**Page 38**	INTERNATIONAL
Page 20	VAGABOND	**Page 39**	MINUTIEUSEMENT

SILHOUETTES

Page 19	N° 4
Page 23	N° 3
Page 35	N° 2

TROUVE HUIT DIFFÉRENCES

Page 7

Page 33

Page 37